Monika
Gänsler

Schutzengel
für unterwegs

Kleine Schutzengel im Material-Mix

Zwei lustige Gesellen

Motivgröße
gelber Engel
ca. 5 cm x 5 cm

Material (für beide Gesellen)

- FIMO® Soft in Weiß, Schwarz, Sahara, Brillantblau, Sonnengelb und Indischrot
- Bindedraht, ø 0,35 mm und 0,65 mm
- Tonkartonrest in Rot
- Patchworkstoffstreifen, 1 cm x 14 cm
- Stift in Weiß (z. B. Edding)

Vorlagenbogen B

Die beiden Engel wie in der allgemeinen Anleitung (Seite 6) beschrieben arbeiten. Den blauen Engel noch mit einem Schal aus Patchworkstoff schmücken, den gelben mit einem Tonkarton-Herz, das mit dünnem Bindedraht an eine Angel aus dickem Bindedraht gehängt wird.

Die beiden bunten lustigen Gesellen sind die idealen Begleiter für den grauen Büro-Alltag.

Fotos: frechverlag GmbH, 70499 Stuttgart; Fotostudio Ullrich & Co., Renningen

Dieses Buch enthält: 1 Vorlagenbogen

Auflage: 5. 4. 3. 2. 1. | Letzte Zahlen
Jahr: 2007 2006 2005 2004 2003 | maßgebend

frechverlag GmbH, 70499 Stuttgart
ISBN 3-7724-3165-8 · Best.-Nr. 3165
Druck: frechdruck GmbH, 70499 Stuttgart

Liebe Leserinnen und Leser,

ist es nicht ein schöner Gedanke, immer seinen persönlichen Schutzengel bei sich zu haben?

Die kleinen Wesen begleiten uns durch unseren Alltag und stehen uns in jeder Lebenslage schützend zur Seite, ob im Büro, bei der Prüfung oder während einer Autofahrt.

Hier im Buch finden Sie kleine Schutzengel aus Holz, Tonkarton, Tontöpfen oder FIMO® Soft, die Sie problemlos überall mit hinnehmen können.

Auch als kleines Mitbringsel für liebe Freunde oder Familienmitglieder sind die Schutzengel wunderbar geeignet. Sie vermitteln ein Gefühl von Geborgenheit und zeigen, dass immer jemand für einen da ist. Sorgen Sie dafür, dass Ihr Schutzengel immer mit Ihnen unterwegs ist!

Viel Spaß mit Ihren kleinen Freunden wünscht Ihnen

Ihre

Schutz-engel
aus Holz

Materialien und Werkzeuge

Folgende Hilfsmittel und Werkzeuge sollten Sie zur Hand haben, um Ihre Schutzengel aus Holz zu arbeiten:

- Transparentpapier
- Pappelsperrholz in den Stärken 4 mm, 6 mm, 8 mm und 1 cm
- Laub- oder Dekupiersäge
- Schleifpapier
- Matte Acryl- oder Bastelfarbe
- Pauspapier, Kopierpapier (zum Schneidern)
- Pinsel (Borstenpinsel in verschiedenen Breiten)
- Dünner Stift in Schwarz (wasserfest)
- Seitenschneider (um die Drähte zu schneiden)
- Spitze Rundzange
- Heißklebepistole und Klebstoff (z. B. UHU Alleskleber Kraft)
- Klebefilm
- Bohrer und Bohrmaschine
- Bleistift

Die restlichen Materialien finden Sie in der jeweiligen Materialliste!

Hinweis
Als „Rest" bezeichne ich immer ein Holzstück, das maximal die Größe A5 hat.

So wird es gemacht

1. Legen Sie einen Bogen Pauspapier auf das Sperrholz und darüber den Vorlagenbogen. Fixieren Sie beide mit Klebestreifen. Ziehen Sie mit einem Bleistift die Linien des Motivs mit allen Innenlinien nach. Die Einzelteile werden mit etwas Abstand zum Motiv extra aufgezeichnet. Dazu lösen Sie den Vorlagenbogen und ggf. das Pauspapier ab und kleben alles mit etwas Versatz wieder fest. Achten Sie darauf, dass die Teile nicht überlappen!

2. Sägen Sie nun das Motiv mit einer Laub- oder Dekupiersäge sorgfältig aus. In den Ecken sägen Sie am besten auf der Stelle und drehen dabei das Motiv langsam. Sie können aber auch ein kleines Loch in die Ecke bohren, das Sägeblatt dort einführen und so leichter die Ecken aussägen. Glätten Sie alle Kanten mit Schleifpapier.

3. Nun können Sie die Holzteile mit Acrylfarbe oder einer anderen für Holz geeigneten Bastelfarbe bemalen und alles trocknen lassen. Für den zarten, transparenten Anstrich habe ich die Farbe stark mit Wasser verdünnt. Nach dem Trocknen ziehen Sie die Augen und die Innenlinien mit einem dünnen schwarzen Stift nach. Bohren Sie die Löcher für das Aufhängeband und die Beine.

4. Kleben Sie jetzt alle Einzelteile mit UHU Alleskleber Kraft an und verzieren Sie den Schutzengel wie in der Anleitung beschrieben.

- Achten Sie darauf, dass Ihr Sperrholzstück nicht zu knapp bemessen ist. Ein etwas größeres Stück lässt sich beim Aussägen besser festhalten und ist dadurch sicherer zu handhaben.
- Falls die Rückseite Ihres Motivs genauso hübsch wie die Vorderseite aussehen soll, müssen Sie alle Innenlinien spiegelverkehrt auf die Motivrückseite übertragen. Dazu pausen Sie das Motiv und alle Innenlinien mit einem Bleistift vom Vorlagenbogen auf Transparentpapier ab, legen dieses mit der bemalten Seite nach unten auf die Rückseite des bereits ausgesägten Motivs und ziehen die Innenlinien noch mal nach. So überträgt sich der Grafit der Bleistiftlinien auf das Sperrholz. Bei Tonkartonmotiven verfahren Sie genauso.
- Um ein Ineinanderlaufen der Farben zu vermeiden, sollte die erste Farbe richtig trocken sein, bevor die nächste aufgetragen wird.
- Sollten Sie beim Malen mit den Bastelfarben zufällig Innenlinien übermalen, ist das nicht schlimm. Übertragen Sie dann einfach das Motiv auf Transparentpapier, ziehen Sie die Linien mit Bleistift auf der Rückseite nach und legen Sie das Transparentpapier auf das Motiv. Wenn Sie jetzt die Linien noch einmal nachfahren, dann überträgt sich der Bleistift-Grafit von der Rückseite des Transparentpapiers auf das Motiv. Nun können Sie die Innenlinien mit dem schwarzen Stift nachziehen.
- Für die Wangen und ggf. Nasen bei manchen Motiven malen Sie zum Schluss einen kleinen, weißen Pinselstrich in die Wangen- bzw. Nasenfarbe. Für die Augen nehmen Sie einen kleinen Tupfen Weiß.
- Zum Ankleben einzelner Holzteile habe ich die Heißklebepistole oder UHU Alleskleber Kraft verwendet.

Schutzengel aus FIMO®

Materialien und Werkzeuge

Folgende Hilfsmittel und Werkzeuge sollten Sie zur Hand haben, um Ihre Schutzengel aus FIMO® Soft zu arbeiten:

- FIMO® Soft in verschiedenen Farben
- Messer
- Dünne Pappe für Schablonen
- Zahnstocher oder Drahtstück
- Seitenschneider (um die Drähte zu schneiden)
- Dünner Stift in Schwarz (wasserfest)

Die restlichen Materialien finden Sie in der jeweiligen Materialliste!

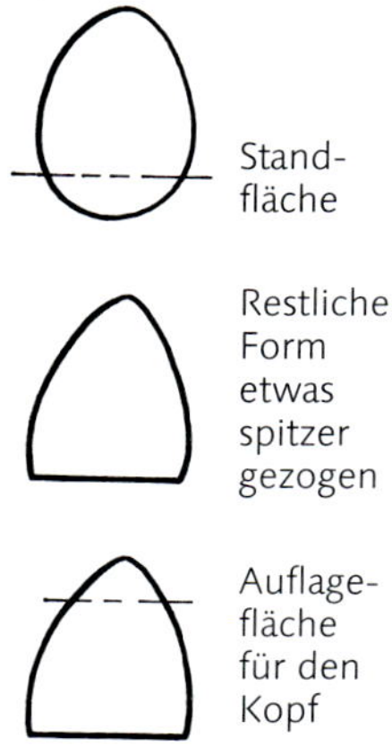

So wird es gemacht

1. Für die Köpfe formen Sie Kugeln mit ca. ø 1,5 cm. Für die Körper kneten Sie ca. ein Drittel der Packung zu einem eiförmigen Körper, schneiden mit einem Messer die untere Spitze ab und erhalten so die Standfläche. Dann ziehen Sie die obere Spitze etwas nach oben und schneiden für das Anbringen des Kopfes eine kleine Auflagefläche von der Spitze ab.

2. Für einige Flügel fertigen Sie eine Pappschablone an, legen diese auf ein ca. 2 mm bis 3 mm dickes Stück weißes FIMO® Soft und schneiden mit einem Messer die Kontur aus. Die anderen Flügel bestehen aus flachgedrückten Kugeln.

3. Formen Sie für die Füße und Hände kleine Kugeln, drücken Sie diese für einige Motive etwas platt und stechen Sie mit einem Zahnstocher oder Drahtstück die Löcher für die Drähte (z. B. für die Haare) bzw. die Baumwollkordelstücke in die Masse. Die Augen und Nasen bestehen aus winzigen FIMO® Soft-Kügelchen, die einfach angedrückt werden.

4. Nachdem Sie alle Teile geformt und zusammengesetzt haben, härten Sie sie 30 Minuten bei ca. 130 °C im Backofen aus. Danach kleben Sie die Drähte, Baumwollkordelteile, Schlaufen, Schleifen und Haare an. Die Lichtflecken in den Augen malen Sie mit einem weißen Stift (z. B. Edding) auf.

Schutzengel

aus Tontöpfen

Materialien und Werkzeuge

Folgende Hilfsmittel und Werkzeuge sollten Sie zur Hand haben, um Ihre Schutzengel aus Tontöpfen zu arbeiten:

- Tontöpfe in der angegebenen Größe
- Schere
- Ggf. Seitenschneider (um die Drähte zu schneiden)
- Bleistift
- Transparentpapier
- Dünne Pappe
- Dünner Stift in Schwarz
- Ggf. Pinsel
- UHU Alleskleber Kraft oder Heißklebepistole

Die restlichen Materialien finden Sie in der jeweiligen Materialliste!

So wird es gemacht

Die Schutzengel aus Tontöpfen arbeiten Sie jeweils wie in der Beschreibung angegeben. Die Papierflügel übertragen Sie am besten wie bei den Tonkarton-Schutzengeln beschrieben von dem Vorlagenbogen auf das jeweils angegebene Papier.

Schutzengel aus Tonkarton

Materialien und Werkzeuge

Folgende Hilfsmittel und Werkzeuge sollten Sie zur Hand haben, um Ihre Schutzengel aus Tonkarton zu arbeiten:

- Tonkarton in den angegebenen Farben
- Transparentpapier
- Dünne Pappe
- Klebestift und UHU Alleskleber Kraft
- Mittelgroße, spitze Schere
- Kleine, spitze, halbrunde Nagelschere
- Cutter mit Schneideunterlage
- Lochzange
- Bleistift und Radiergummi
- Dünner Stift in Schwarz

Die restlichen Materialien finden Sie in der jeweiligen Materialliste!

Hinweis
Als „Rest" bezeichne ich immer ein Tonkartonstück, das maximal die Größe A5 hat.

So wird es gemacht

1. Übertragen Sie die Vorlagen mit Schablonen. Für diese legen Sie das Transparentpapier auf den Vorlagenbogen und übertragen die Einzelteile des Motivs ohne Überschneidungen mit einem Bleistift darauf. Dann kleben Sie das Transparentpapier auf dünne Pappe und schneiden die Motivteile daraus exakt aus – fertig sind Ihre Schablonen!
2. Legen Sie die Schablonen auf den farblich passenden Tonkarton, ziehen Sie die Konturen nach und schneiden Sie die Teile sorgfältig aus.
3. Dann setzen Sie Ihr Motiv wie abgebildet zusammen und malen die Innenlinien mit einem dünnen schwarzen Stift auf. Die Wangenflecken malen Sie mit einem roten Buntstift auf, die Lichtflecken in den Augen und ggf. in der Nase mit einem weißen Stift (z. B. Edding).

Tipp
Soll die Rückseite Ihres Motivs genauso hübsch aussehen, brauchen Sie die doppelte Menge an Tonkarton. Für die Rückseite schneiden Sie fast alle Teile doppelt aus und kleben sie spiegelverkehrt auf.

Tipps & Tricks zu allen Schutzengeln

- Um den Draht spiralförmig zu biegen, wickeln Sie ihn um einen runden Stift. Evtl. ziehen Sie die Spirale dann noch etwas auseinander.
- Ist Ihnen der Bindedraht mit ø 1,4 mm zu dick, können Sie auch dünneren verwenden.
- Für die Ösen an den Drahtenden biegen Sie den Draht um einen runden Gegenstand mit dem gewünschten Durchmesser. Den überflüssigen Draht kneifen Sie dann mit einem Seitenschneider ab. Um die Motive einzuhängen, sollte die Öse leicht geöffnet sein. Nach dem Einhängen lassen sich die Ösen immer noch etwas zubiegen.
- Für das Verzieren der Knöpfe etc. mit Draht stecken Sie von hinten ein „U-förmig" gebogenes Stück Bindedraht durch die Löcher, verzwirbeln beide Drahtenden und locken sie.
- Hübsche Stoffe zum Schmücken der Motive finden Sie bei Patchworkstoffen.

ICH bin (für DICH) Da!

Die Herzen und die Flügel aus dem dünnen und den Engel aus dem dicken Sperrholz aussägen. Dabei auf den rechten Winkel achten. Alles wie abgebildet bemalen und beschriften und die benötigten Löcher bohren. Den Engel zusammensetzen und ihn mit etwas Feenhaar verzieren, das vorher mit dünnem Bindedraht umwickelt wurde. Die Herzchenkette mit dickem Bindedraht unter den Engel hängen. Dabei ganz unten die Messingschelle mit andrahten. Für die Herzchenkette selbst und das Andrahten der Schelle dünnen Bindedraht verwenden.

Motivgröße

ca. 8 cm x 6,5 cm (ohne Herzchen)

Material

- Sperrholzrest, 6 mm stark
- Sperrholzrest, 1 cm stark
- Bastelfarbe in Hautfarbe, Scharlachrot, Mango, Weiß und Schilf
- Feenhaar in Gelb
- Messingschelle, ø 9 mm
- Bindedraht, ø 0,35 mm und 0,65 mm
- Bohrer, ø 1,5 mm

Vorlagenbogen A

Ob auf dem Computer oder auf der Türzarge – dieser Engel ist immer für Sie da!

Motivgröße

ca. 8 cm x 10 cm

Material

- Sperrholzrest, 6 mm stark
- Bastelfarbe in Hautfarbe, Scharlachrot, Weiß, Mango, Taubenblau und Elfenbein
- Metallschelle in Rot, ø 15 mm
- Patchworkstoffstreifen, 1,5 cm x 16 cm
- Bindedraht, ø 0,35 mm und 0,65 mm
- Bohrer, ø 1,5 mm

Vorlagenbogen A

Schlaf gut, kleiner Schatz

Alles aus dem Sperrholz aussägen und wie abgebildet bemalen. Die Löcher für die Haare bohren, den Engel zusammensetzen und die dicken Drahthaare festkleben. Das Herz mit der Metallschelle und einem Stoffstreifen, der mit dünnem Bindedraht umwickelt wurde, schmücken. Die Schelle wird gleichzeitig mit angedrahtet. Die Drahtenden locken und den Engel auf das Herz legen.

Dieser Schutzengel sorgt für süße Träume – sowohl im Kinderwagen wie auch im Schlafzimmer.

Motivgröße
ca. 7 cm x 10 cm

Material
- Sperrholzrest, 8 mm stark
- Bastelfarbe in Vanille, Hautfarbe, Weiß, Taubenblau, Schilf und Scharlachrot
- Baumwollkordel in Grün, ø 2 mm, 8 cm lang
- Knopf in Rot, ø 6 mm
- Nähgarn in Grün
- Patchworkstoffrest
- Paketschnur, ø 1,7 mm
- Bohrer, ø 2 mm

Vorlagenbogen A

Von Herzen

Alles aussägen, wie abgebildet bemalen und die benötigten Bohrungen ausführen. Den Engel mit dem Stoffherz bekleben und mit dem Knopf verzieren, durch dessen Löcher etwas Nähgarn gefädelt wurde. 4 cm lange Baumwollkordelbeine in jedem Fuß fixieren und die Beine in die gebohrten Löcher im Kleid kleben. Für das Stoffherz eine Schablone anfertigen (siehe S. 7) und das Herz auf den Stoff übertragen. Die Paketschnur dient als Aufhängung.

Diese Engel hängen herzlich gerne an einem Autospiegel, einem Rucksack, einer Tasche oder einem Turnbeutel.

Herzens-Bote

Den Engel, das Herz und beide Füße aus dem Sperrholz aussägen, wie abgebildet bemalen und alle notwendigen Löcher bohren. Den Engel mit dem Herz und einem Knopf, durch dessen Löcher etwas orangefarbenes Nähgarn gefädelt wurde, verzieren. Die Baumwollkordelstücke mit einem Ende im Fuß und mit dem anderen im Kleid fixieren. Die Nylonschnur dient als Aufhängung.

Motivgröße
ca. 5 cm x 9 cm

Material
- Sperrholzrest, 8 mm stark
- Bastelfarbe in Hautfarbe, Antikblau, Vanille, Scharlachrot und Weiß
- Baumwollkordel in Grün, ø 2 mm, 6 cm lang
- Nylonschnur, ø 0,5 mm
- Knopf in Grün, ø 6 mm
- Nähgarn in Orange
- Bohrer, ø 1,5 mm und 2 mm

Vorlagenbogen A

Gute Fahrt!

Dieser Engel ist der ideale Begleiter für Autofahrten. Er fühlt sich aber auch an einer Gardinenstange oder einem Türknauf wohl!

Motivgröße

ca. 7 cm x 6 cm

Material

- Sperrholzrest, 6 mm stark
- Bastelfarbe in Hautfarbe, Scharlachrot, Weiß, Gelbocker, Antikblau, Antikgrün und Taubenblau
- Bindedraht, ø 0,35 mm, 0,65 mm und 1,4 mm
- Knopf in Rot, ø 6 mm
- Bohrer, ø 1,5 mm und 2 mm

Vorlagenbogen A

Alle Teile aussägen und wie abgebildet bemalen. Von vorne beide Arme und Füße aufkleben und die benötigten Löcher bohren. Die Flügel ankleben, die Haare aus mitteldickem Draht in die Bohrlöcher kleben und den Engel mit einem Knopf verzieren, durch dessen Löcher dünner Draht gezogen wurde. Den Engel an den dicken gebogenen Draht hängen und das Herz mit dünnem Draht an der Aufhängung befestigen.

Ganz mobil

Motivgröße

ca. 7,5 cm x 7,5 cm

Material

- Sperrholzrest, 6 mm stark
- Sperrholzrest, 1 cm stark
- Bastelfarbe in Hautfarbe, Scharlachrot, Gelbocker, Antikblau, Weiß, Taubenblau, Schilf und Olivgrün
- Rundholz, ø 4 mm, 10,4 cm lang
- 4 Holzkugeln, ø 20 mm, mit Bohrung mit ø 4 mm
- Paketschnur, ø 1,7 mm
- Messing-Ringschraube, geschlossen, 8 mm x 3 mm
- Messingschelle, ø 9 mm
- Bindedraht, ø 0,35 mm und 0,65 mm
- Bohrer, ø 1,5 mm und 4,5 mm

Vorlagenbogen A

Den Engel aus dem dicken und den Rest aus dem dünnen Sperrholz aussägen. Alles bemalen und die Bohrungen ausführen. Die Flügel und die Arme ankleben. Die Räder aus Holzkugeln mit der vorher halbierten Rundholzstange befestigen, die Ringschraube einschrauben und durch deren Öse Paketschnur als Ziehband fädeln. Ein Ende eines ca. 6 cm langen Bindedrahtstücks zu einer Öse biegen, den Draht in das dafür vorgesehene Loch in der Hand kleben und mit dünnem Bindedraht das Herz andrahten. Die Schelle an den Flügel drahten und die Haare befestigen.

Dieser Engel macht mobil, sowohl auf der Fensterbank wie auch auf dem Schreibtisch!

Ich pass auf dich auf!

Ob im Büro oder im Arbeitszimmer, dieser Schutzengel passt überall auf Sie auf!

Motivgröße

ca. 7 cm x 9 cm

Material

- Sperrholzrest, 6 mm stark
- Sperrholzrest, 1 cm stark
- Bastelfarbe in Hautfarbe, Elfenbein, Weiß, Schilf, Olivgrün und Scharlachrot
- 2 Nägel, ø 1 mm, 15 mm lang
- Perlmuttknopf, ø 7 mm
- Baumwollkordel in Natur, ø 2 mm, 9 cm lang
- Bindedraht, ø 0,35 mm und 0,65 mm
- Hammer
- Bohrer, ø 1,5 mm und 2 mm

Vorlagenbogen A

Den Engel und seine Füße aus dem dicken und seine Flügel und die Arme aus dem dünnen Sperrholz aussägen. Alles wie abgebildet bemalen und die notwendigen Bohrungen ausführen. Die Arme annageln und beide Flügel fixieren. Die Locke aus dickem Bindedraht und den mit dünnem Bindedraht verzierten Knopf ankleben. In die Bohrung der Füße jeweils ein Ende der halbierten Baumwollkordel kleben und das andere Ende der Kordel in die Bohrungen im Unterkörper.

Winzlinge

Alle Teile aussägen und wie abgebildet bemalen. Nach dem Trocknen die Flügel aufkleben und die Winzlinge auf die Herzen setzen.

Motivgröße
ca. 2 cm x 2 cm

Material (für beide Winzlinge)

- Sperrholzrest, 4 mm stark
- Bastelfarbe in Hautfarbe, Scharlachrot, Vanille, Arktis und Wildrose

Vorlagenbogen A

Klein, aber OHO!

Alle Teile aussägen, bemalen und die notwendigen Bohrungen ausführen. Für die Haare ein Stückchen Paketschnur in das Kopfloch kleben und aufzwirbeln. Das Herz aufkleben und den Engel auf der Standfläche fixieren.

Motivgröße
ca. 4 cm x 4,5 cm

Material

- Sperrholzrest, 6 mm stark
- Bastelfarbe in Hautfarbe, Pfirsich, Vanille, Weiß, Scharlachrot und Schilf
- Paketschnur, ø 1,7 mm
- Bohrer, ø 2 mm

Vorlagenbogen A

Diese Winzlinge sind die idealen Begleiter für die nächste Klausur – schließlich passen sie problemlos in jedes Federmäppchen!

Schutz-engel-Brosche

aus Holz

Ob am Pulli oder der Jacke, dieser Schutzengel ist den ganzen Tag über mit dabei!

Motivgröße

ca. 3 cm x 4 cm

Material

- Sperrholzrest, 6 mm stark
- Bastelfarbe in Hautfarbe, Elfenbein, Weiß, Wildrose, Scharlachrot und Altrosa
- Broschennadel in Silber, 25 mm lang
- Paketschnur, ø 1,7 mm
- Bohrer, ø 2 mm

Vorlagenbogen A

Alle Teile aus dem Sperrholz aussägen und wie abgebildet bemalen. Nach dem Trocknen ein Loch für die Haare in den Kopf bohren, ein Stückchen Paketschnur in das Loch kleben und aufzwirbeln. Zum Schluss die Flügel ergänzen und den Schutzengel auf die Broschennadel kleben.

Ihm stehen alle Türen offen

Mit diesem Schutzengel geht kein Schlüssel verloren.

Die Flügel aus dem dünnen und den Engel und das Herz aus dem dicken Sperrholz aussägen. Alles wie abgebildet bemalen, nach dem Trocknen die Flügel ankleben und alle benötigten Löcher bohren. 4 cm Baumwollkordel als Schlaufe in die Kopfbohrung kleben und mit 3 cm Baumwollkordel unten das Herz anhängen. Dabei die Messingschelle mit auffädeln! Ein kurzes Stückchen Paketschnur in der Mitte mit Nähgarn umwickeln, aufzwirbeln und als Haare auf den Kopf kleben. Zum Schluss den Schlüsselring-Anhänger einhängen.

Motivgröße

ohne Schlüsselring
ca. 3 cm x 7 cm

Material

- Sperrholzrest, 4 mm stark
- Sperrholzrest, 6 mm stark
- Bastelfarbe in Hautfarbe, Weiß, Scharlachrot, Schilf und Elfenbein
- Schüsselring-Anhänger, ø 25 mm
- Nähgarn in Rot
- Messingschelle, ø 9 mm
- Baumwollkordel in Weiß, ø 1 mm, 7 cm lang
- Paketschnur, ø 1,7 mm
- Bohrer, ø 1,5 mm und 2 mm

Vorlagenbogen A

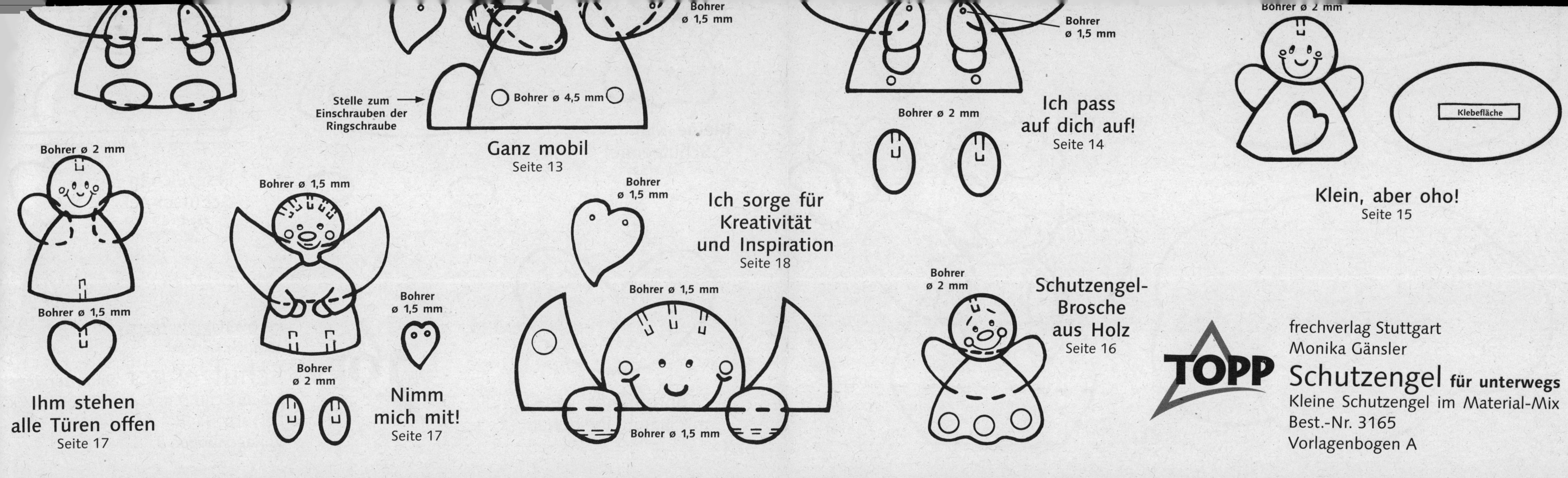

Ganz mobil
Seite 13

Ich pass auf dich auf!
Seite 14

Klein, aber oho!
Seite 15

Ihm stehen alle Türen offen
Seite 17

Nimm mich mit!
Seite 17

Ich sorge für Kreativität und Inspiration
Seite 18

Schutzengel-Brosche aus Holz
Seite 16

TOPP
frechverlag Stuttgart
Monika Gänsler
Schutzengel für unterwegs
Kleine Schutzengel im Material-Mix
Best.-Nr. 3165
Vorlagenbogen A

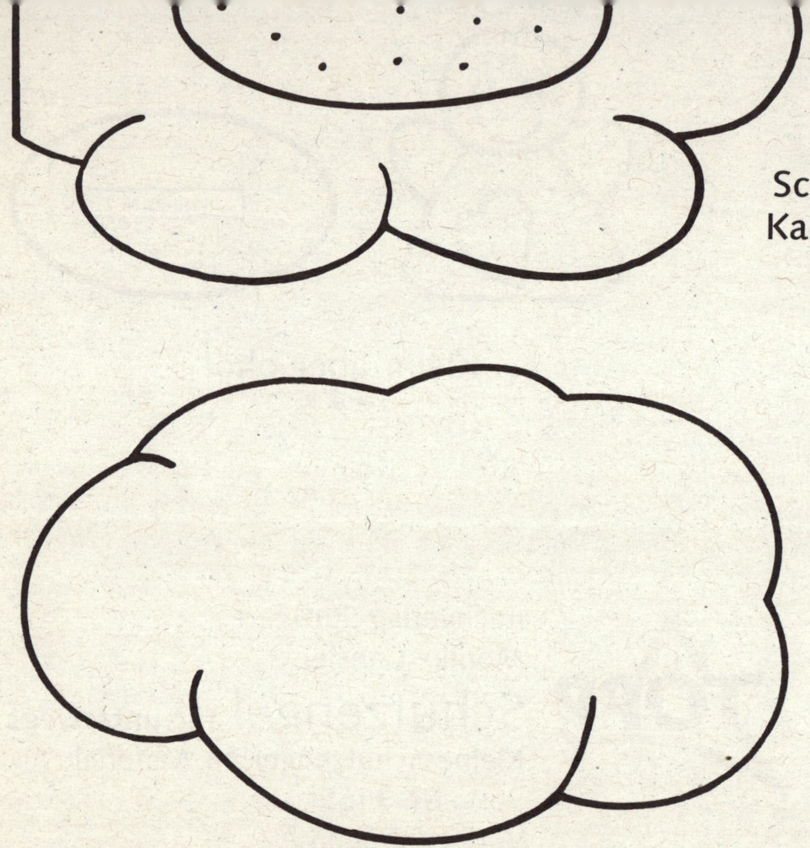

Schützende
Kartengrüße
Seite 31

Kleine Klammer-
Schutzengel
Seite 32

Tontopfengelchen
mit Baumelbeinchen
Seite 27

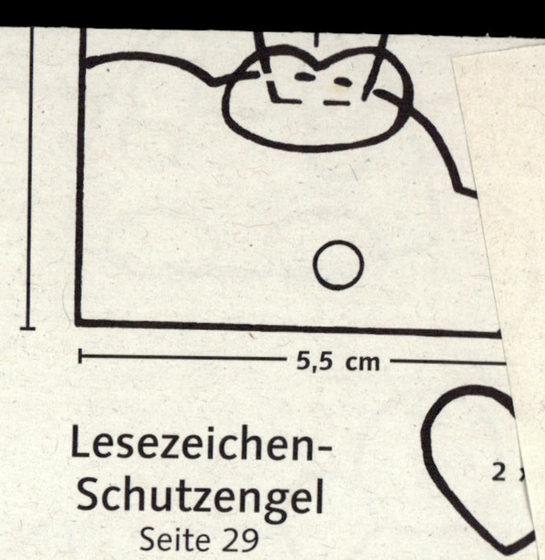

Lesezeichen-
Schutzengel
Seite 29

TOPP
frechverlag Stuttgart
Monika Gänsler
Schutzengel für unterweg[s]
Kleine Schutzengel im Material-Mi[x]
Best.-Nr. 3165
Vorlagenbogen B

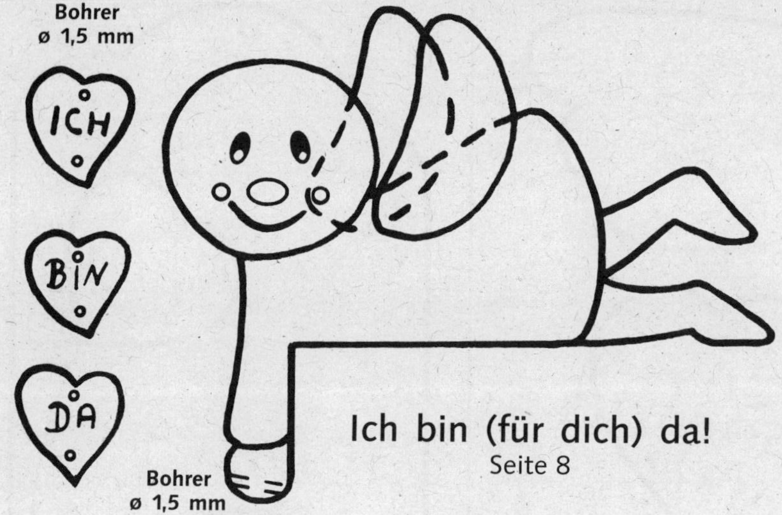

Ich bin (für dich) da!
Seite 8

Herzens-Bote
Seite 11

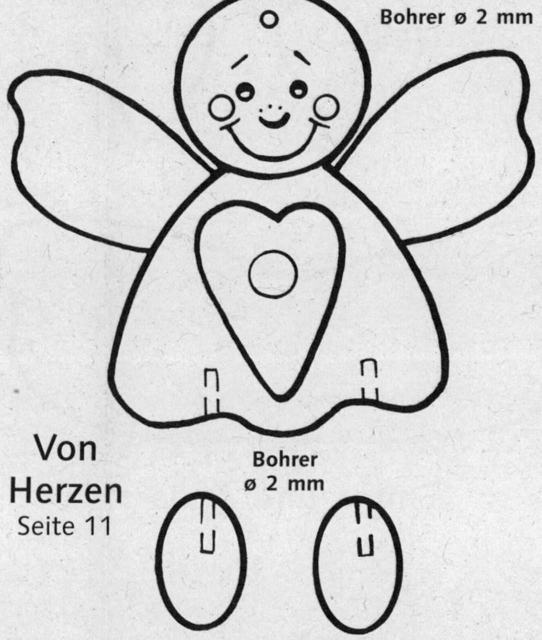

Von Herzen
Seite 11

Klein, aber fein
Seite 19

Winzlinge
Seite 15

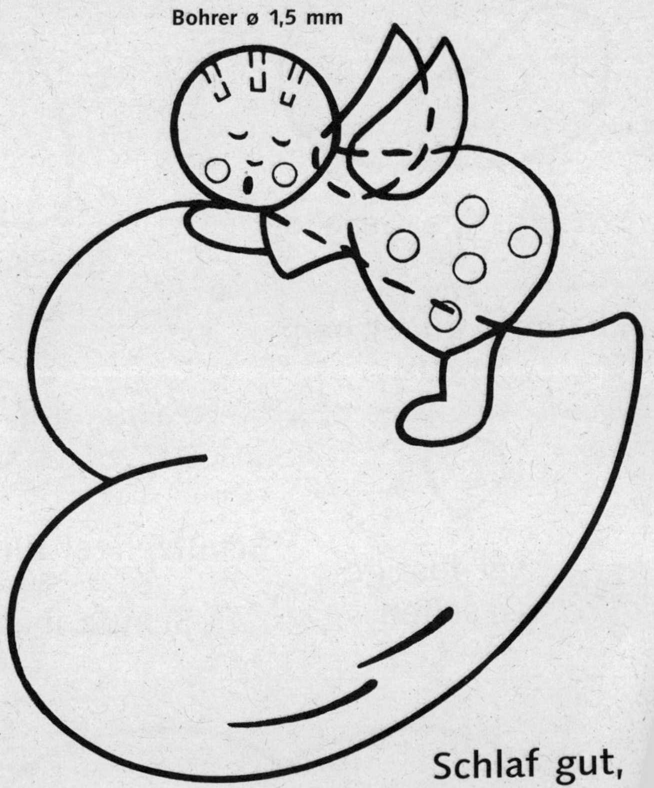

Schlaf gut, kleiner Schat
Seite 9

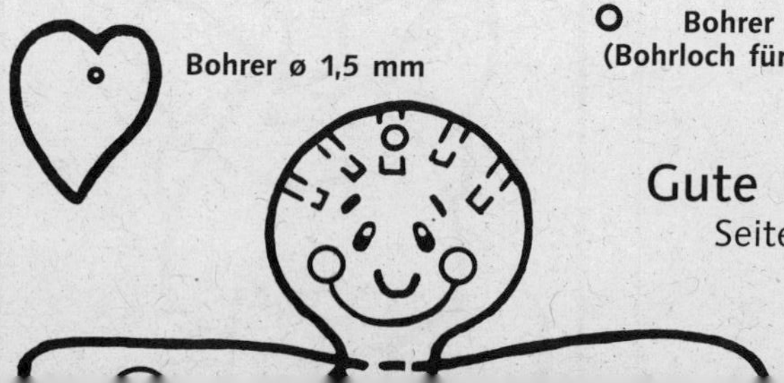

Bohrer ø 2 mm (Bohrloch für Aufhängung)

Gute Fahrt!
Seite 12

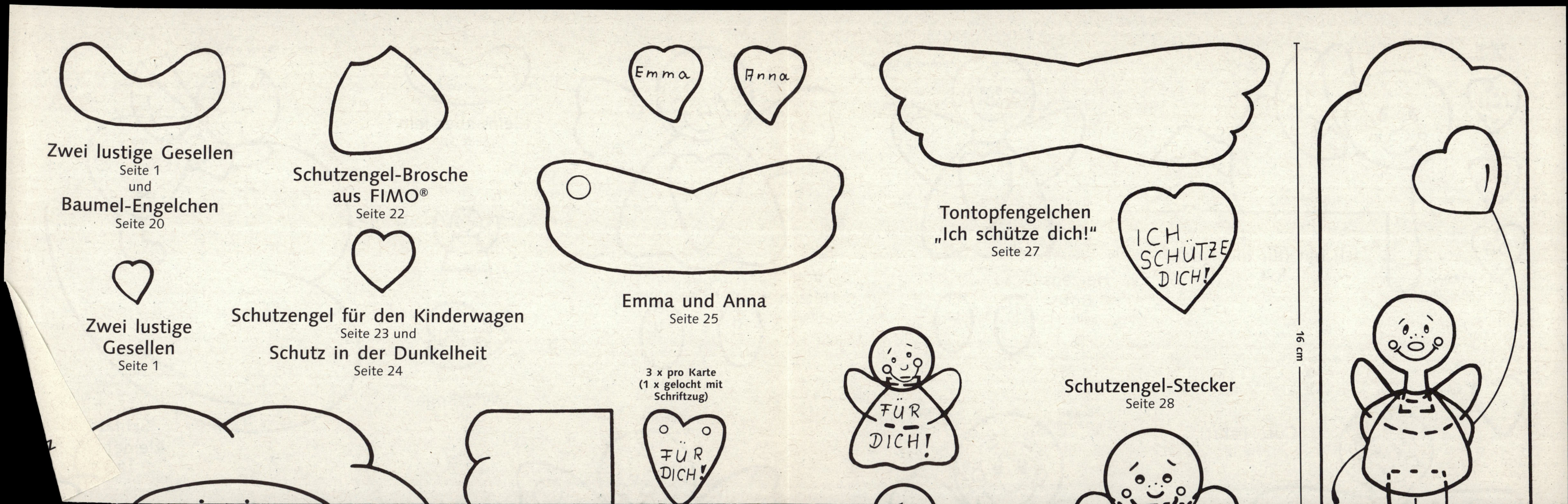

Emma
Anna
ICH SCHÜTZE DICH!
FÜR DICH!
FÜR DICH!
16 cm
Zwei lustige Gesellen
Seite 1
und
Baumel-Engelchen
Seite 20
Schutzengel-Brosche
aus FIMO®
Seite 22
Emma und Anna
Seite 25
Tontopfengelchen
„Ich schütze dich!“
Seite 27
Zwei lustige
Gesellen
Seite 1
Schutzengel für den Kinderwagen
Seite 23 und
Schutz in der Dunkelheit
Seite 24
3 x pro Karte
(1 x gelocht mit
Schriftzug)
Schutzengel-Stecker
Seite 28

Nimm mich mit!

Dieser Schutzengel ist der ideale Begleiter für alle Lebenslagen und kann auch als Schlüsselanhänger umfunktioniert werden (siehe Titelseite).

Motivgröße

ca. 4 cm x 6 cm

Material

- Sperrholzrest, 6 mm stark
- Bastelfarbe in Hautfarbe, Pfirsich, Elfenbein, Weiß, Scharlachrot und Taubenblau
- Baumwollkordel in Natur, ø 2 mm, 3,6 cm lang
- Bindedraht, ø 0,35 mm und 0,65 mm
- Bohrer, ø 1,5 mm und 2 mm

Vorlagenbogen A

Alle Teile aus dem Sperrholz aussägen, wie abgebildet bemalen und die notwendigen Löcher bohren. Dem Engel das Herz mit dünnem Bindedraht um den Hals hängen und die Drahtenden locken. Dann die Flügel, die Haare und die aus Bindedraht gebogene Öse zum Aufhängen befestigen. Die Füße mit der Kordel an den Engel hängen. Die Kordelenden werden dabei jeweils in die Bohrlöcher geklebt.

Inspiration und Kreativität sind mit diesem Schutzengel garantiert!

Motivgröße

ca. 8 cm x 8 cm

Material

- Sperrholzrest, 6 mm stark
- Sperrholzrest, 1 cm stark
- Bastelfarbe in Hautfarbe, Scharlachrot, Gelbocker und Weiß
- Knopf in Grün, ø 6 mm
- Patchworkstoffstreifen, 0,7 cm x 14 cm
- Bindedraht, ø 0,35 mm und 0,65 mm
- Bohrer, ø 1,5 mm

Vorlagenbogen A

Ich sorge für Kreativität und Inspiration

Den Engel und seine Hände aus dem dicken und das Herz aus dem dünnen Sperrholz aussägen. Alles wie abgebildet bemalen und die benötigten Löcher bohren. Den Engel zusammensetzen. Von vorne dicken Bindedraht durch die Bohrungen des Herzens stecken, die Enden durch die seitlichen Bohrungen der Hände fädeln und die Drahtenden locken. Den Herzdraht mit dem Stoffstreifen verzieren. Zum Schluss die Drahtlocken fixieren und den mit dünnem Bindedraht verzierten Knopf ankleben.

Motivgröße

ca. 3 cm x 5 cm

Material (für beide Engel)

- Bastelfarbe in Scharlachrot und Ultramarinblau
- 2 Holzkugeln, ø 15 mm, mit Bohrung mit ø 4 mm
- 2 Holzkugeln, ø 20 mm, mit Bohrung mit ø 4 mm
- Filzrest in Weiß
- Schlüsselring-Anhänger, ø 25 mm
- Satinband in Rot und Blau, 3 mm breit, jeweils 10 cm lang
- Paketschnur, ø 1,7 mm
- Stift in Weiß (z.B. Edding)
- Buntstift in Rot

Vorlagenbogen A

Klein, aber fein

Die großen Holzkugeln mit den Bastelfarben bemalen und auf die kleinen Holzkugeln die Gesichter aufmalen. Die Wangen mit dem Buntstift röten. Ein Stück Paketschnur in der Mitte knicken, beide Enden durch die Bohrung der kleineren Kugel und danach durch die Bohrung der größeren Kugel stecken und unterhalb der größeren verknoten. Für die Haare jeweils ein kurzes Stück Paketschnur in der Mitte knicken, die Knickstelle in die Bohrung der kleinen Holzkugel kleben und die Paketschnur dann aufzwirbeln. Die Filzflügel aufkleben und jedem Engel ein Stückchen Satinband um den Hals binden. An einem Engel den Schlüsselring-Anhänger befestigen. Beim anderen Engel die Paketschnur etwas länger lassen. Dadurch entsteht eine größere Schlaufe.

Diese kleinen Schutzengel begleiten Kinder (und auch Erwachsene) überallhin.

Baumel-Engelchen

Dieser Schutzengel ist ein fröhlicher Begleiter bei jeder Autofahrt!

Motivgröße

ohne Aufhängung
ca. 4,5 cm x 9 cm

Material

- FIMO® Soft in Weiß, Schwarz, Sahara, Apfelgrün und Indischrot
- Baumwollkordel in Weiß, ø 1 mm, 10 cm lang
- Baumwollkordel in Grün, ø 1 mm, 18 cm (für die Beine) und 4,5 cm (für die Schlaufe) lang
- Bastelbast in Grün
- Nähgarn in Grün
- Patchworkstoffstreifen, 1 cm x 14 cm
- Zugfeder, verzinkt, ø 4 mm, 20 cm lang
- Stift in Weiß (z. B. Edding)

Vorlagenbogen B

Den Engel wie in der allgemeinen Anleitung beschrieben arbeiten. Für die Flügel eine Schablone benutzen. Für seine Arme erhält er ein durchgehendes Loch, das am besten mit einem Zahnstocher gestochen wird. Die Haare bestehen aus Bastelbast, der mit etwas Nähgarn umwickelt wurde. Zum Schluss die Lichtflecken in die Augen malen, dem Engelchen einen Schal umbinden und ihn an die Zugfeder hängen.

ICH SCHWEBE!

Dieser Schutzengel haftet an allen glatten Flächen, zum Beispiel am Badezimmerspiegel, an Fenster- oder Autoscheiben und, und, und.

Hier besteht der Engelskörper aus einer Kugel mit ø 2,5 cm und der Kopf aus einer Kugel mit ø 1 cm. Die Flügel sind kleine, flachgedrückte, weiße Kugeln. Die Öse aus dem dicken Bindedraht wird in die noch frische Masse gedrückt. Der fertige Engel erhält eine aus aufgezwirbelter Paketschnur bestehende Haarpracht, die mit Nähgarn umwickelt wird. Zum Schluss den Engel an die Metallhalterung des Saugnapfs hängen.

Motivgröße

ohne Saugnapfhalterung
ca. 2,5 cm x 2,5 cm

Material

- FIMO® Soft in Weiß, Schwarz, Sahara, Brillantblau und Indischrot
- Nähgarn in Blau
- Paketschnur, ø 1,7 mm
- Saugnapf mit Metallhalterung
- Bindedraht, ø 0,65 mm
- Stift in Weiß (z.B. Edding)

Praktisch, diese kleine Schutzengel-Brosche weicht Ihnen nicht von der Seite!

Motivgröße

ca. 4 cm x 7,5 cm

Material

- FIMO® Soft in Weiß, Schwarz, Sahara, Brillantblau, Apfelgrün und Indischrot
- Baumwollkordel in Weiß, ø 1 mm, 6,5 cm lang
- Paketschnur, ø 2,5 mm
- Patchworkstoffstreifen, 1 cm x 14 cm
- Broschennadel in Silber, 25 mm lang
- Bindedraht, ø 0,35 mm
- Stift in Weiß (z. B. Edding)

Vorlagenbogen B

Schutzengel-Brosche

aus FIMO®

Für den Kopf eine Kugel mit ø 2 cm formen und halbieren. Das Kleid mithilfe einer Schablone zuschneiden und die Flügel aus zwei kleinen, flachgedrückten Kugeln hergestellen. Die Arme sind kleine, flachgedrückte, eiförmige Teile und die Punkte auf dem Kleid flachgedrückte Kugeln. Die benötigten Löcher stechen und den Engel im Ofen aushärten lassen. Die Haare bestehen aus aufgezwirbelter Paketschnur. Die kleine Stoffschleife vor dem Fixieren mit dünnem Bindedraht umwickeln und auf der Rückseite die Broschennadel ankleben. Die Lichtflecken in den Augen mit weißem Edding aufmalen.

Schutz-engel für den Kinder-wagen

Die Engel wie in der allgemeinen Anleitung beschrieben herstellen. Die Flügel aus Kugeln mit ø 2 cm arbeiten, die flachgedrückt werden. Für das Herz eine Schablone anfertigen, diese auf ein ca. 2 mm dickes Stück FIMO® Soft legen und mit einem Messer die Konturen ausschneiden. Die Baumwollkordelstücke nach dem Aushärten im Backofen einkleben. Die Haare bestehen aus aufgezwirbelter Paketschnur, die mit etwas Nähgarn umwickelt wurde.

Diese Schutzengelchen sorgen z. B. im Kinderwagen oder am Wiegenhimmel für süße Träume.

Motivgröße

ca. 6,5 cm x 9,5 cm

Material (für beide Engel)

- FIMO® Soft in Schwarz, Weiß, Sahara, Creme-Minze, Creme-Himbeere und Creme-Aqua
- Paketschnur, ø 2,5 mm
- Baumwollkordel in Weiß, ø 1 mm, pro Engel: 28 cm (Schlaufe), 11 cm (Beine) und 7 cm (Arme) lang
- Nähgarn in Blau
- Stift in Weiß (z. B. Edding)

Vorlagenbogen B

Dieser Schutzengel leuchtet noch etwas nach, auch wenn im Zimmer das Licht schon längst aus ist.

Motivgröße

ca. 4 cm x 14 cm

Material

- FIMO® Soft in Weiß, Sahara, Schwarz, Nachtleuchtfarbe und Creme-Himbeere
- Baumwollkordel in Grün , ø 1 mm, 11,5 cm lang
- Paketschnur, ø 2,5 mm
- Nähgarn in Blau
- Messingschelle, ø 9 mm
- Patchworkstoffstreifen, 1 cm x 14 cm
- Stift in Weiß (z. B. Edding)

Vorlagenbogen B

Schutz in der Dunkelheit

Den Schutzengel wie in der allgemeinen Anleitung beschrieben arbeiten. Sein Körper ist eiförmig geformt und hat einen ø von 2,5 cm bis 3 cm. Die Flügel sind kleine, flachgedrückte Kugeln. Die Herzen mithilfe einer Pappschablone ausschneiden. Dazu die Schablone auf ca. 3 mm dickes FIMO® Soft legen und die Konturen mit dem Messer nachschneiden. Nach dem Aushärten im Backofen die Herzen mit drei ca. 2,5 cm langen Baumwollkordelstücken untereinander hängen und dabei die Messingschelle mit auffädeln. Oben in den Kopf die Aufhängeschlaufe einkleben und die aus aufgezwirbelter Paketschnur bestehenden Haare, die mit etwas Nähgarn umwickelt werden, fixieren.
Zum Schluss die Lichtflecken aufmalen und dem Engel den Stoffstreifen umbinden.

Motivgröße

ca. 6 cm x 8 cm

Material (für beide Engel)

- Tonkartonreste in Elfenbein und Rot
- Bastelfarbe in Mango und Zartblau
- 2 Tontöpfe, ø 3 cm
- 2 Holzkugeln, ø 25 mm, ohne Bohrung
- 2 Knöpfe in Rot und Grün, ø 6 mm
- Bastelbast in Natur
- Bindedraht, ø 0,35 mm
- Buntstift in Rot
- Stift in Weiß (z. B. Edding)

Vorlagenbogen B

Emma und Anna

Beide Töpfchen bemalen und die Holzkugeln mit den aufgemalten Gesichtern darauf aufkleben. Die Flügel ausschneiden und mit einem Knopf bekleben, durch den etwas Bindedraht gefädelt wurde. Etwas Bastelbast mit Draht umwickeln und als Haare aufkleben. Die Drahtenden locken. Zum Schluss das Namensherz aufkleben.

Mit dem passenden Namen versehen, dienen diese Schutzengel als Glücksbringer für jedermann.

Motivgröße

ca. 7 cm x 12 cm

Material

- Tonkartonrest in Elfenbein
- Tontopf, ø 3 cm
- Holzkugel, ø 3 cm, mit Bohrung mit ø 6 mm
- 4 Holzkugeln, ø 15 mm, mit Bohrung mit ø 4 mm
- Bastelbast in Grün
- Patchworkstoffdreieck, 18 cm x 10 cm x 10 cm
- Paketschnur, ø 2,5 mm, 80 cm lang
- Bindedraht, ø 0,35 mm
- Buntstift in Rot
- Stift in Weiß (z. B. Edding)

Vorlagenbogen B

Diese Schutzengel fühlen sich auf der Fensterbank sehr wohl, sind aber auch ein ideales Mitbringsel für jede Gelegenheit.

Tontopf-Engelchen mit Baumelbeinchen

Von einem ca. 60 cm langen Stück Paketschnur beide Enden von außen durch das Topfloch stecken und nach ca. 15 cm miteinander verknoten.
Jetzt schauen zwei Beine aus der großen Topföffnung heraus. Pro Bein eine Holzperle als Fuß auffädeln und durch jeweils einen Knoten sichern.
Auf die Paketschnurschlaufe, die aus dem Topfboden schaut, die große Holzkugel als Kopf auffädeln. Zwischen Kopf und Topf ein ca. 20 cm langes Paketschnurstück durch die Paketschnurschlaufe ziehen, auf jedes Schnurende eine Handperle auffädeln und durch einen Knoten sichern. Auch die Kopfperle wird durch einen Knoten gesichert, der Rest der Paketschnurschlaufe dient als Aufhängung.
Die Flügel ankleben und die Basthaare ergänzen, die mit Bindedraht umwickelt wurden. Die Drahtenden zu Locken drehen. Das Gesicht aufmalen und dem Engel das Dreieckstuch um den Hals binden.

Tontopf-Engelchen „Ich schütze dich!"

Die Holzkugel auf den Tontopf kleben, das Gesicht wie abgebildet bemalen und mit dünnem Bindedraht umwickeltes Dschungelmoos als Haarschopf in der Kopfbohrung befestigen. Die Drahtenden locken.
Die Flügel aufkleben, dem Engel den Stoffstreifen als Schal umbinden und ihm das gelochte und beschriftete Herz mit dickem Bindedraht um den Hals hängen. Auch diese Drahtenden locken.

Motivgröße

ca. 10 cm x 7 cm

Material

- Mikadopapierrest in Natur
- Tonkartonrest in Rot
- Tontopf, ø 4 cm
- Holzkugel, ø 3 cm, mit Bohrung ø 6 mm
- Dschungelmoos in Grün
- Bindedraht, ø 0,35 mm und 0,65 mm
- Patchworkstoffstreifen, 1,5 cm x 19 cm
- Buntstift in Rot
- Stift in Weiß (z. B. Edding)

Vorlagenbogen B

ICH
SCHÜTZE
DICH!

Schutzengel-Stecker

Die Hände und die Füße an den dünnen, zugeschnittenen Bindedraht kleben. Dem Engel von vorne den Kopf und von hinten beide Flügel aufkleben. Das Gesicht und den Schriftzug aufmalen, den Engel lochen und von hinten die Haare aus dünnem Bindedraht, die Arme und die Beine ankleben. Zum Schluss den Engel an den Stecker hängen, der aus dickem Bindedraht gebogen wird.

Motivgröße

ohne Stecker
ca. 6 cm x 8 cm

Material

- Tonkartonreste in Weiß, Schwarz, Hautfarbe, Rot und Regenbogenfarben
- Buntstift in Rot
- Bindedraht, ø 0,65 mm und 1,4 mm
- Stift in Weiß (z. B. Eddin
- Motivlocher mit Herz-Motiv

Vorlagenbogen B

Ob im Blumenstrauß oder in einer Topfpflanze, dieser Schutzengel wacht über blühendes Leben!

Lesezeichen-Schutzengel

Das Lesezeichen zuerst mit der Wolke bekleben. Danach dem Engel von hinten seinen Kopf, die Flügel und die Beine aufkleben und von vorne die Schuhe. Den Engel auf der Wolke platzieren, das Gesicht und die Innenlinien aufmalen und das Lesezeichen mit einem großen und vier kleinen, mithilfe des Motivlochers ausgestanzten Herzchen verzieren. Dem Engel mit etwas Nähgarn umwickelte Basthaare aufkleben. Das Lesezeichen lochen, Satinband durch das Loch ziehen und die Satinbandenden mit Herzchen aus Tonkarton verzieren.

Motivgröße

ca. 5,5 cm x 16 cm

Material

- Tonkartonreste in Dunkelblau, Rot, Weiß, Grün, Schwarz und Hautfarbe
- Bastelbast in Natur
- Nähgarn in Grün
- Satinband in Blau, 3 mm breit, 30 cm lang
- Stift in Weiß (z. B. Edding)
- Buntstift in Rot
- Motivlocher mit Herz-Motiv

Vorlagenbogen B

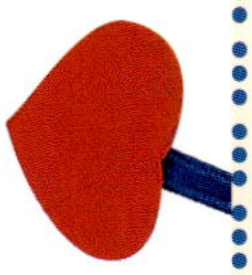

Dieser Schutzengel ist ein praktischer Begleiter für alle Leseratten.

SCHÜTZENDE KARTENGRÜßE

Motivgröße

Engel ca. 7 cm x 8,5 cm

Material (für beide Karten)

- Karte in Dunkelblau, A6, hochdoppelt
- Karte in Gelb, A6, hochdoppelt
- Tonkartonreste in Weiß, Sonnengelb,Petrol, Rot, Hellblau, Hellgrün, Dunkelgrün, Braun, Dunkelblau und Hautfarbe
- Satinband in Petrol und Dunkelgrün, 3 mm breit, jeweils 45 cm lang
- Bindedraht, ø 0,35 mm
- Stift in Weiß (z. B. Edding)
- Buntstift in Rot
- Nadel

Vorlagenbogen B

Über solch einen schützenden Kartengruß freut sich bestimmt jeder. Wer will, nimmt die Engel später aus der Karte heraus und stellt sie zum Beispiel auf seinen Nachttisch.

Blaue Karte

Zuerst die Haare auf den Engel kleben. Dann den fertigen Kopf und die zusammengesetzten Arme von vorne und die Flügel von hinten am Rumpf fixieren. Dabei die Arme nur im Schulterbereich ankleben, damit sie später noch über den Wolkenrand geschoben werden können. Dem Engel das Gesicht aufmalen und ihm mit Bindedraht das beschriftete Herz um den Hals hängen. Mit einer Nadel die vorgegebene Knickkante anritzen, damit der Engel später problemlos hingestellt werden kann. Beide Wolken auf die Karte kleben. Die größere Wolke dabei nur im unteren Bereich fixieren, damit der Engel dahinter geschoben werden kann. Das Satinband um die Karte legen, verknoten und die Satinbandenden mit Herzen verzieren.

Gelbe Karte

Den Engel wie oben beschrieben arbeiten. Die Karte mit der zusammengesetzten Blüte und dem Schmetterling bekleben, dabei die Blüte nur im unteren Bereich mit Klebstoff bestreichen.
Zum Schluss die Karte ebenfalls mit dem Satinband verzieren.

FÜR DICH!
ICH BIN DA!

Motivgröße

ohne Klammer
ca. 3 cm x 4 cm

Material (für beide Engel)

- Tonkartonreste in Hautfarbe, Weiß, Rot, Blau und Grün
- Bastelbast in Natur
- 2 kleine Holzklammern, 4,5 cm lang
- Buntstift in Rot
- Stift in Weiß (z. B. Eddin
- Bindedraht, ø 0,35 mm
- Motivlocher mit Herz-Motiv

Vorlagenbogen B

Kleine Klammer-Schutzengel

Die Motivteile ausschneiden und die Engel wie abgebildet zusammensetzen. Die Gesichter aufmalen, dabei die Wangen mit dem Buntstift röten. Die Engel beschriften. Für die Haare etwas Bast mit Bindedraht umwickeln und den Engeln das Ganze auf den Kopf kleben. Die Engel auf die Klammern kleben und mit kleinen, ausgestanzten Herzen verzieren.

Die Klammer-Schutzengel sind die ideale Deko für Geschenke für liebe Menschen, die Ihnen am Herzen liegen.